Das angeknabberte Jesuskind

Bruno Busch

Das angeknabberte Jesuskind

Weihnachtsgeschichten von B.

Lektorat: Monika Kreß
Umschlaggestaltung: Jörg Halsema

Copyright © 2019 Ingo Stauch
Wettersteinstraße 51 · 90471 Nürnberg
ingo.stauch@gmx.de
Alle Rechte vorbehalten

ISBN 978-3-00-063552-6

Für Kristina
und alle anderen Weihnachtsmenschen

Inhalt

* Aus: Bruno Busch, Dicke Birnen – Geschichten von B.,
ISBN 978-3-00-061107-0, © 2018

1

Advent im Krankenhaus

Von Kindesbeinen an hatte B. eine panische Angst vorm Krankenhaus. Als Siebenjähriger war er in einem Mehrfamilienhaus die Treppe hinuntergestürzt. Er hatte mit dem Kopf voran das Eisblumenglas einer Trennwand durchbrochen und sich einen Schädelbasisbruch, einen Schädelbruch und eine Gehirnerschütterung zugezogen. Eingedrungene Glasscherben mussten herausoperiert werden. Nur wegen Überfüllung blieb B. ein längerer Aufenthalt in der Klinik erspart.

Seitdem hatte er kein Krankenhaus mehr von innen gesehen, außer aus beruflichen Gründen oder bei den Geburten seiner Kinder. Auch mit 45 Jahren besaß B. noch Blinddarm, Rachenmandeln und Nasenpolypen. Weil die Krankenkassen zu der Zeit nach Pflegetagen abrechneten und nicht nach Fallpauschalen, musste er sich wegen einer Venen-Operation, die fünf Jahre später ambulant durchgeführt werden konnte, einer knapp zweiwöchigen stationären Behandlung unterziehen.

Es war eine geplante Operation. B. konnte den Zeitpunkt selbst bestimmen. Und weil seine beruflichen Aufgaben bis zum Jahresende so gut wie erledigt waren, ging er zwei Wochen vor Weihnachten ins Krankenhaus. Im Gepäck hatte er unter anderem einen elektrisch betriebenen Miniatur-Weihnachtsbaum, denn auch im Krankenhaus wollte er etwas adventliche Stimmung genießen.

B.s Bett-Nachbar, Herr Altmann, war 90, aber rüstig und die meiste Zeit fidel. Weswegen er überhaupt im Krankenhaus lag, erfuhr B. nicht.

Am Morgen nach seiner Operation kümmerte sich Herr Altmann auf ganz rührende Weise um seinen Mitpatienten: Er brachte ihm die Tageszeitung und knipste die Beleuchtung am Weihnachtsbaum an. B. bedankte sich und Herr Altmann ließ es sich nicht nehmen, diese Prozedur an allen folgenden Tagen zu wiederholen.

Die Bettnachbarn unterhielten sich über Gott und die Welt. Gesprächsthemen fanden sie immer. Beide sollten so oft wie möglich aufstehen und sich bewegen. War der Vormittag halb herum oder der Mittagsschlaf vorüber, schlüpften sie in ihre Morgenmäntel und Pantoffeln und begaben sich gemeinsam auf die Pirsch. Kein Krankenhausflur und kein Pflegestützpunkt war vor ihnen sicher.

Besonders gern besuchten Herr Altmann und B. die Schwestern, wenn sie gerade Pause hatten. Zuvor schlichen die beiden zum nächsten Notausgang, öffneten vorsichtig die Tür und zupften draußen an einem der winterblühenden Gehölze. Das frisch gepflückte Sträußchen überreichten sie dann den Pflegekräften, die es ihnen mit der Einladung zu einer Tasse Kaffee dankten. Und weil Advent war, gab es regelmäßig ein Stück Kuchen dazu.

Einen Tag vor ihrer Entlassung wagten Herr Altmann und B. sich in eine der oberen Etagen hinauf bis zum Chefarzt-Sekretariat. Um nicht mit leeren Händen dazustehen, brachen sie von einem Weihnachtsstern, der an einem Flurfenster stand, ein paar Blätter ab und klopften an. Die Tür ging auf. Vor B. und Herrn Altmann stand aber nicht die Sekretärin, sondern der Chefarzt persönlich inmitten des kompletten ärztlichen Teams. Ohne es zu ahnen, waren die beiden in die Weihnachtsfeier der Hauptabteilung geplatzt.

Sie entschuldigten sich und wandten sich rasch zum Gehen. „Halt, halt!" Die Stimme des Chefarztes rief sie zurück. „Bleiben Sie! Wir sind mit unserer kleinen Feier fast fertig und haben noch ganz viel Punsch, Lebkuchen, Stollen und selbstgebackene Plätzchen übrig. Da Sie schon einmal hier sind: Leisten Sie uns doch Gesellschaft und stoßen Sie mit allen an! Es ist uns eine Ehre."

Als B. am letzten Morgen seine Reisetasche packte und das Tannenbäumchen unter den Arm klemmte, fragte Herr Altmann: „Haben Sie immer noch Angst vorm Krankenhaus?" „Die haben Sie mir genommen", versicherte B.; „sollte ich jemals wieder hierher müssen, werde ich mich an Sie und unseren Advent im Krankenhaus erinnern. Und dann ist bestimmt alles halb so schlimm."

2

Als der Weihnachtsbaum brannte

Ramin war Perser. Und er war Christ. Obwohl der junge Mann sich nur als Gast in Deutschland aufhielt und die deutsche Sprache nicht beherrschte, besuchte er die Gottesdienste der christlichen Gemeinde, zu der B.s Eltern gehörten.

Mit B.s Vater Willibald, der während des Zweiten Weltkrieges in amerikanische Kriegs- gefangenschaft geraten war, unterhielt Ramin sich fließend auf Englisch. Grundschüler B. und Mutter Erdmute verstanden kein Wort. B.s Bruder Baldus lernte die Sprache in der weiterführenden Schule und konnte deshalb ein paar Brocken zum Gespräch beitragen.

Die Entscheidung der Familie, Ramin am Heiligen Abend zu sich nach Hause einzuladen, löste in B. Fragen aus wie: Welche seiner Spielsachen würden Ramin interessieren? Wie konnte er dem Perser eine Freude bereiten? Und wie sollte er reagieren, wenn Ramin ihn ansprach?

Zur Vorbereitung auf den Besuch reihte B. seine schönsten Siku-Autos auf dem Kindertisch auf. Als Geschenk für Ramin faltete er ein Flugzeug aus weißem Papierbogen und malte es bunt an. Auf einen Zettel schrieb er, was laut Vater Willibald „Ich kann nicht englisch" bedeutete: „Ei kän not inglisch." So gerüstet, durfte am Heiligen Abend eigentlich nichts mehr schiefgehen, meinte B.

Ramin hatte sich aus Anlass des Festes extra eine Krawatte besorgt, um gut angezogen zu erscheinen. Er schenkte B.s Siku-Autos ausführliche Beachtung und wandte sich auch gleich mit einer Frage an den Jungen. B. hörte Ramin mehrfach das Wort „Foxwäggen" wiederholen, ohne zu verstehen, was der Perser damit meinte.

B. brachte sein „Ei kän not inglisch" an. Aber auch die übrigen Familienmitglieder schienen ratlos.

Bis Baldus plötzlich rief: „Er meint vielleicht ‚Volkswagen'!" Ramin nickte heftig und B.

fischte stolz ein Modellauto vom Typ VW-Käfer aus der Spielzeugkiste.

Die Bescherung begann. An dem dicht mit Lametta behängten Christbaum leuchteten die damals üblichen Stearin-Kerzen. Ramin freute sich sichtlich über B.s Geschenk – zumindest tat er so. Den bunten Flieger ließ er mehrmals hintereinander durch den Raum gleiten.

Beim letzten Versuch blieb das Papierspielzeug im Lametta hängen. An einer Stearin-Kerze fing es Feuer. Mutter Erdmute schrie auf und hob die Hände vors Gesicht, Vater Willibald rannte ins Bad, Baldus und B. wichen mit aufgerissenen Augen in eine Zimmerecke.

Ramin zögerte keinen Augenblick. Mit bloßen Händen erstickte er die Flammen am Baum. Und weil brennendes Lametta und angekokelte Tannennadeln im Herunterfallen den Teppich in Brand setzten, trampelte er wie wild darauf herum.

Als Vater Willibald mit einem Eimer Wasser aus dem Bad zurückkehrte, roch es zwar scharf nach Verbranntem und dunkle Rauchschwaden hingen in der Luft. Aber das Feuer war aus.

„Gott sei Dank!", entfuhr es Mutter Erdmute. Erleichtert ließ sie die Hände sinken. B. und Baldus wagten sich aus ihrer Ecke hervor. Die Familie umringte Ramin, tanzte um ihn herum und dankte ihm für sein mutiges Eingreifen.

Wegen der Brandflecken an seinem Schlips brauchte sich der Perser auch nicht lange zu grämen: Unter den für ihn bestimmten Weihnachtsgeschenken fand er eine Krawatte aus Seide und in den Farben seines Landes.

3
Auf dem Christkindlesmarkt

Der Nürnberger Christkindlesmarkt war in B.s Augen einzigartig. Und das nicht nur, weil er einer der ältesten und berühmtesten Weihnachtsmärkte der Welt war. Auch nicht, weil er besonders schön oder außergewöhnlich stimmungsvoll gewesen wäre. B. fand zum Beispiel den Stuttgarter Weihnachtsmarkt mit seinen prunkvoll gestalteten Dächern viel prächtiger. Und die weihnachtliche Atmosphäre zwischen den Verkaufsständen im erzgebirgischen Seiffen hatte er als stimmungsvoller erlebt.

Trotzdem: Gerade die Schlichtheit der Stände im „Städtlein in der Stadt, aus Holz und Tuch gemacht", wie es im Prolog zur Eröffnung des Nürnberger Christkindlesmarktes hieß, hatte es B. angetan. Besonders gefiel ihm, dass keine Weihnachtsmusik aus Kon-

serven erlaubt war, sondern dass nur „echte"
Kinder-, Frauen-, Männer-, gemischte und
Posaunenchöre auftreten durften und von
Lautsprechern „live" übertragen wurden.

An den Marktständen gab es edle Dinge
für „Gutbetuchte". Aber auch Kleinpreisiges
wurde angeboten, zum Beispiel weihnachtli-
ches Dekorations-Material aus Holz oder Papier für lediglich einen Euro oder gar Cent-
Beträge. B. fielen die „Westfälischen Nachti-
gallen" ein und ihr Weihnachtsmarkt-Lied:
„Wenn's draußen wieder schneit, dann wird es
wieder schön. Dann ist es wieder wunderbar,
zum Weihnachtsmarkt zu geh'n." Und wo es im
Refrain hieß: „Ist unser Portemonnaie vielleicht auch etwas klein, wir kaufen auch für
Vati und für Mutti etwas ein." Ja, beim Nürnberger Christkindlesmarkt konnten auch Kinder fündig werden. Und das nicht nur auf dem
Hauptmarkt, sondern auch bei der „Kinder-
weihnacht" mit ihren Mitmachbuden für
kleine Handwerker und Hobbykünstler.

Elisen-Lebkuchen mundeten B. nirgends so
wie auf dem Nürnberger Christkindlesmarkt.
Unverpackt, wie frisch aus dem Ofen, ließ er

sie sich über die Theke reichen. Den größeren Hunger stillte er mit fingerlangen und auch nur fingerdicken Nürnberger Rostbratwürsten. Er kaufte sie als „Drei im Weggla" – drei Bratwürste in einem Brötchen. Dazu gönnte er sich heißen Glühwein, der – wie auch der alkoholfreie Kinderpunsch – in Pfandtassen ausgeschenkt wurde. Das waren begehrte Sammlerstücke, jedes Jahr in einem anderen Design gestaltet.

„Wenn ihr es noch nicht erlebt habt und zeitlich einrichten könnt, solltet ihr den Eröffnungsabend nicht verpassen", riet B. allen Freunden, Verwandten und Bekannten, die irgendwann im Lauf des Jahres ankündigten, den Christkindlesmarkt in Nürnberg besuchen zu wollen. Denn diese feierliche Zeremonie war für B. wirklich sehenswert: Mit dem Glockenschlag um halb sechs Uhr abends gingen an den Ständen, aber auch an den Gebäuden ringsum, sämtliche Lichter aus, einschließlich der Straßenlaternen und der Leuchtreklame. In das Dunkel hinein erklangen Fanfaren. Und wie einst in der von Ilja Richter moderierten ZDF-Musiksendung „disco" auf das Kommando

„Licht aus – Spot an!" hin, bestrahlte grelles Scheinwerferlicht die Empore der Frauenkirche. Dort stand in einem goldenen Gewand, die Arme weit ausgebreitet, eine junge Nürnbergerin als Christkind.

Der berühmte Prolog, mit dem es „seinen" Markt eröffnete und der mit Fernsehkameras in alle Welt übertragen wurde, mündete in den Ruf: „Das Christkind lädt zu seinem Markte ein, und wer da kommt, der soll willkommen sein."

B. nahm mehrere Male an der Eröffnung teil. Das erste Mal postierte er sich auf dem Nürnberger Hauptmarkt genau der Frauenkirche gegenüber. Durch eine Gasse zwischen den Marktständen hindurch hatte er die Empore direkt im Blick. Doch in dem Moment, als das Licht ausging, hoben vor ihm Mütter und Väter ihre Kinder in die Höhe oder setzten sie sich auf die Schultern – und B. blieb jede Sicht auf das Geschehen verwehrt.

Beim zweiten Mal stellte er sich mit seiner Frau und seiner Schwiegermutter unmittelbar neben der Frauenkirche auf. Den Prolog hörten die drei ausgezeichnet. Sehen konnten sie nur das gleißende Scheinwerferlicht.

Für das dritte Mal verabredete B. sich mit zweien seiner inzwischen erwachsenen Söhne. „Kommt frühzeitig, am besten eine Stunde vorher! Es werden viele Menschen da sein", schärfte er den beiden ein. Malte, den Jüngsten, traf er mitten auf dem Hauptmarkt. Die beiden stellten sich an einen Stand mit Zwetschgenmännla, lustigen Figuren aus getrockneten Pflaumen und Feigen. Janosch, der Zweitjüngste, ließ auf sich warten.

Als es nur noch eine halbe Stunde bis zur Eröffnung war, klingelte B.s Handy. „Ich bin da", meldete sich Janosch, „wo seid ihr?" B. erklärte es ihm. „Und wie soll ich jetzt dahin durchkommen?", stöhnte Janosch. „Ich hatte euch doch gewarnt: Kommt frühzeitig!", erinnerte B. ihn. Darauf Janosch: „Du hast gesagt, dass viele Menschen da sein werden. Du hast nicht gesagt, dass es so viele sind!"

Nach der Zeremonie fanden die drei dann doch noch zueinander, bei Lebkuchen und Glühwein. Am anderen Morgen las B. in der Zeitung, dass sich anlässlich der Eröffnung mehr als 10.000 Menschen auf dem Nürnberger Hauptmarkt zusammengedrängt hatten.

4

Basar-Engel

Alle Jahre wieder strickte, bestickte und häkelte die Schwesternschaft des diakonischen Unternehmens, in dem B. beruflich beschäftigt war, Socken, Tischdecken oder Topflappen und ähnliche praktische Dinge für den Weihnachtsbasar. Der Erlös aus dem Verkauf der Textilien, der selbstgemachten Marmeladen aller Geschmacksrichtungen und vieler anderer gespendeter Objekte kam der weltweiten kirchlichen Missionsarbeit zugute.

Schwester Angela – ihr Name war abgeleitet vom lateinischen „Angelus", Engel – befand sich längst im wohlverdienten Ruhestand. Aber auch sie schuftete das ganze Jahr über für den guten Zweck. Ihr Material war Papier.

Wie emsig sie am Werk war, bekam B. mit, weil sie regelmäßig in seinem Büro Nachschub holte: 30 bis 40 Zentimeter lange Papierstreifen, einen bis eineinhalb Zentimeter breit.

Am liebsten war ihr weißes Papier, aber sie nahm auch farbiges.

Anfangs fragte B. neugierig: „Was machen Sie denn damit?" Schwester Angela schaute verlegen auf ihre Hände mit den gichtkrummen Fingern, verriet jedoch nichts: „Kommen Sie zum Weihnachtsbasar, dann werden Sie schon sehen ..." B. übte sich in Geduld.

Der Basar fand mitten in der Woche statt und war einen ganzen Tag lang geöffnet. Schauplatz waren sämtliche Räume der Kirche im „Dorf der Barmherzigkeit", wie die Diakonissen ihr Gelände nannten.

Der Aufbau dauerte zwei Tage. Während dieser Zeit blieb die Kirche geschlossen. Kein Besucher durfte vorzeitig hinein und sich umsehen, so auch B. nicht. Das Angebot variierte von Jahr zu Jahr, und die Schwestern machten immer ein besonderes Geheimnis daraus.

Kein Geheimnis, sondern ein Publikumsmagnet war, dass die Diakonissen und ihre Helferinnen hervorragend für das leibliche Wohl der Basargäste sorgten. Zum Mittagessen gab es Suppe, Fleisch und vegetarische Gerichte, Salate und Desserts. Am Nachmittag wurden

Kaffee und selbstgebackener Kuchen angeboten.

Der Basartag begann mit einer kurzen Andacht. Kaum hatte der Pastor das Amen gesprochen, fielen die Besucherinnen und Besucher über die Verkaufsstände her. Wer ein Schnäppchen machen wollte, musste sich beeilen.

B. suchte nach Schwester Angela. Der Tisch, hinter dem er sie entdeckte, quoll über von kunstvoll geflochtenen Sternen, großen und kleinen, weißen und bunten. „Das sind Fröbelsterne", erklärte Schwester Angela, „benannt nach Friedrich Fröbel, der im 19. Jahrhundert den Kindergarten erfand."

B. zog innerlich den Hut vor der Diakonisse und dem Aufwand, den es sie gekostet haben musste, trotz der Gicht in ihren Fingern solche Kunstwerke herzustellen. Er kaufte gleich ein Dutzend davon.

Im Jahr darauf ging B. wieder zum Basar. Fröbelsterne gab es keine mehr – Schwester Angela war in der Zwischenzeit gestorben. Aus ihrem Nachlass erwarb B. eine erzgebirgische Holzschnitzarbeit, die eine Engelskapelle darstellte. Die kleinen Engel stellte er zu Hause unter eine Vase mit Tannenzweigen, an denen die Fröbelsterne vom Vorjahr hingen. Die gesamte Advents- und Weihnachtszeit über freute er sich an der schönen Dekoration. Und jedes Mal, wenn er sie anblickte, erinnerte er sich an Schwester Angela.

5

Berliner Brot

B. s Vater Willibald war gebürtiger Berliner. Das spielte in B.s Herkunftsfamilie aber selten eine Rolle. Nur in der Vorweihnachtszeit, wenn Mutter Erdmute ihre Plätzchenrezepte hervorkramte und fragte, was sie denn als erstes backen sollte, kam die Antwort der übrigen Familienmitglieder wie aus einem Mund: „Berliner Brot!"

Den Grundschüler B. schickte die Mutter zum Besorgen der Zutaten in den einzigen Lebensmittelmarkt der kleinen Stadt. Auf dem Einkaufszettel standen Mehl, Eier, Zucker, Backpulver, Apfelkraut, Rum-Aroma, Blockschokolade und Haselnusskerne. Hinter „Apfelkraut" hatte die Mutter ein Sternchen gemalt. Unten auf dem Zettel fand B. das Sternchen wieder und las den Hinweis: „Apfelkraut steht bei den Marmeladen. Notfalls kannst du auch Zuckerrübensirup oder Pflaumenmus nehmen."

Apfelkraut fand B. nie. Zuckerrübensirup kannte und liebte er. Die braune klebrige Masse gab es in einem großen gelben Becher. Nach dem Backen blieb davon immer genug als Brotaufstrich übrig.

B.s Aufgabe bei den Backvorbereitungen war das Raspeln der Schokolade mit einem kleinen Reibeisen. Das Hantieren mit dem Schneebesen überließ er Mutter Erdmute. Sobald der Teig fertig war, mischte B. die Haselnüsse darunter. Die Mutter verteilte die fertige Masse auf einem Backblech und schob es in den Ofen. B. schleckte die Teigschüssel aus und wartete, bis er den Guss anrühren durfte. Damit bestrich die Mutter das fertige Gebäck, solange es warm war. B. schnitt es in rechteckige Stücke. Von dem erkalteten Berliner Brot bekam jedes Familienmitglied eine Schnitte zum Probieren. Den Rest schichtete B. in eine dafür bereitgestellte Metalldose.

Zum Fest gab es für alle einen „Bunten Teller", gefüllt mit verschiedenen Plätzchensorten und Berliner Brot, dessen Geschmack übrigens ein bisschen an Nürnberger Lebkuchen erinnerte.

Die Liebe zum Berliner Brot gab B. an seine Kinder weiter. Vor allem die beiden Jüngsten quengelten immer, sobald sie das erste Türchen am Adventskalender geöffnet hatten: „Papa, wann backen wir Berliner Brot?"

Janosch, der Zweitjüngste, litt an einer Haselnuss-Allergie. Zwar aß er Haselnüsse gern, bekam danach aber jedes Mal einen Hautausschlag. Irgendwann siegte bei ihm die Einsicht, dass er es nicht darauf ankommen lassen wollte.

B.s Hinweis: „Janosch, bei deiner Haselnuss-Allergie solltest du auf Berliner Brot verzichten", ließ der Junge nicht gelten. „Dann nehmen wir eben Walnüsse! Auf die bin ich nämlich nicht allergisch", lautete sein rettender Einfall.

„Walnüsse bekommen wir von unserem Nachbarn", überlegte B., „aber das Knacken ist eine Heidenarbeit."

Janosch streckte den Zeigefinger in die Höhe, als würde er sich in der Schule freiwillig für eine schwere Aufgabe melden, und rief triumphierend: „Das Knacken übernehme ich!"

An einem der folgenden Tage saß der Junge mit einem Nussknacker und roten Ohren am Küchentisch und knackte Walnüsse. Das Berliner Brot schmeckte allen auch in dieser Variante hervorragend.

Seitdem liegt in B.s Familie am Heiligen Abend auf jedem „Bunten Teller" Berliner Brot mit Walnüssen.

Bruno Busch

BERLINER BROT
Rezept nach Mutter Erdmute

Zutaten: 2 Eier, 2 Esslöffel Wasser, 250 g Zucker, 65 g Apfelkraut (ersatzweise Zuckerrübensirup oder Pflaumenmus), 1 Fläschchen Rum-Aroma, 1 Messerspitze gemahlene Nelken, 1 schwach gehäufter Esslöffel Zimt, 65 g geriebene Blockschokolade, 250 g Mehl, 3 g (1 gestrichener Teelöffel) Backpulver, 125 g Haselnuss- beziehungsweise Walnusskerne; für den Guss: 100 g Puderzucker, 1 bis 2 Esslöffel heißes Wasser.

Man schlägt Eier und Wasser mit einem Schneebesen schaumig und gibt nach und nach den Zucker hinzu. Danach rührt man so lange, bis eine dicke, cremeartige Masse entstanden ist. Darunter gibt man das Apfelkraut, die Gewürze, die geriebene Schokolade, das mit Backpulver gemischte und gesiebte Mehl und die Nusskerne. Der Teig wird gut 1/2 cm dick auf ein gefettetes Backblech gestrichen. Backzeit: etwa 20 Minuten bei starker Hitze.

Für den Guss wird der gesiebte Puderzucker mit so viel heißem Wasser glattgerührt, dass eine dickflüssige Masse entsteht (Vorsicht mit der Wassermenge: Guss wird leicht zu dünn!). Damit bestreicht man das heiße Gebäck und zerschneidet es in etwa 2 x 5 cm große, rechteckige Schnitten.

6

Das angeknabberte Jesuskind

Seit B. denken konnte, gehörte der Aufbau der Weihnachtskrippe zu den wesentlichen Vorbereitungen auf das Fest der Feste. Das Zubehör steckte in einem ursprünglich weißen, mit der Zeit allmählich angegrauten Schuhkarton. Seine Größe ließ vermuten, dass er einmal Wander- oder Winterstiefeln als Verpackung gedient hatte. Das Jahr über musste er fest verschnürt zusammen mit weiteren Kartons, die in einem Abstellraum unter einer Dachschräge aufgestapelt waren, auf seinen großen Auftritt warten. Erst in der Adventszeit befreite ihn Mutter Erdmute aus seinem Dornröschenschlaf.

Gemeinsam mit der Mutter und Bruder Baldus wickelte B. die handbemalten Gipsfiguren aus dem weihnachtlich bedruckten Seidenpapier. Die Hirten und ihre Schafe, die drei mit Geschenken beladenen Weisen aus dem Morgenland, der Ochse und der Esel wurden in einem Halbkreis aufgestellt, Maria und Josef kamen in die Mitte. Aller Augen waren auf die Futterkrippe gerichtet. Darin lag, in weiße Watte gebettet, das Jesuskind, das als einzige Figur nicht aus Gips bestand, sondern aus echtem Bienenwachs. Als Stall diente ein Holzgestell mit Dach und einer Aussparung als Fenster, hinter dem eine kleine Glühbirne baumelte und alles in warmes Licht hüllte.

An der fertigen Krippe konnte B. sich schon als Kleinkind nicht sattsehen, so freute er sich an den einzelnen Figuren. Vorsichtig rührte er die Schafe an und ließ sie mal hierhin, mal dorthin trippeln. Abwechselnd rückte er die Hirten und die Weisen näher zu Maria und Josef, damit auch sie einen Blick in die Krippe werfen konnten. Und immer wieder hob er das Jesuskind aus seinem Wattebett, drückte es liebevoll an sich und übersäte es mit Küssen.

Niemand beobachtete, wie es geschah. Aber als am Heiligen Abend die Bescherung vorüber war und die Familie sich der Krippe zuwandte, um das Eigentliche von Weihnachten in den

Blick zu nehmen, trauten Vater Willibald, Mutter Erdmute und Baldus ihren Augen nicht: Dem Jesuskind fehlte der Kopf.

B. brach in Tränen aus. Alle Fragen, mit denen seine Eltern und sein Bruder ihn überhäuften, beantwortete er nur mit entschiedenem Kopfschütteln und heftigen Weinkrämpfen. Selbst die unübersehbaren Knabberspuren konnten B. zu keinem Geständnis bewegen. Der Kopf war und blieb verschwunden.

Nach diesem Weihnachtsfest wickelten Mutter Erdmute, Baldus und B. alle Teile der Krippe sorgfältig wieder in das Seidenpapier ein. Auch der angeknabberte Jesus kehrte, in seine Watte gepackt, in den Karton zurück, den die Mutter am angestammten Platz verstaute.

Von da an wiederholte sich die Prozedur alle Jahre wie zuvor, nur dass in der Krippenwatte nun ein Jesuskind ohne Kopf lag.

Als Erwachsener unternahm B. eine Reise nach Palästina. Von dort brachte er eine neue Krippe mit. Die Figuren waren aus sehr hartem und damit gegen Biss-Attacken äußerst widerstandsfähigem Olivenholz geschnitzt.

Auch das Jesuskind.

7

Das Aquarium

Der Wunschzettel des kleinen B. für seine Weihnachtsgeschenke war umfangreich. Solange er noch nicht selber schreiben konnte, schnitt er aus dem Quelle-Katalog alle Spielsachen aus, die ihm gefielen. Die Ausschnitte klebte er auf ein Blatt Papier.

Doch bald lernte B., dass das Christkind damit zwar eine große Auswahl hatte, er aber nicht unbedingt geschenkt bekam, was er sich am meisten wünschte. Also schnitt er nur noch Lieblingsstücke aus und ordnete sie auf dem Zettel so, dass sein größter Wunsch ganz oben prangte.

Nachdem er schreiben gelernt hatte, überlegte B. noch sorgfältiger, was er haben wollte und in welcher Reihenfolge er die Wünsche auflistete. Mittlerweile wusste er auch, dass nicht das Christkind die Geschenke brachte, sondern dass Mutter und Vater die Auswahl trafen.

Schließlich – er besuchte inzwischen die weiterführende Schule – schrieb B. gar keine Wunschliste mehr, sondern konzentrierte sich auf einen einzigen Wunsch. Was er sich zu diesem Zeitpunkt am sehnlichsten wünschte, war: ein Aquarium.

„Kommt nicht infrage!", lautete die barsche Abfuhr, die er sich bei Vater Willibald holte, und Mutter Erdmute lamentierte, dass dieser Wunsch ein Hirngespinst sei, weil niemand in der Familie sich mit Aquarien auskannte und die Arbeit damit doch wieder an ihr hängen bleiben würde.

Am 24. Dezember war den Kindern, wie jedes Jahr, der Zutritt zum Wohnzimmer solange untersagt, bis das Glöcklein erklang, mit dem Vater Willibald zur Bescherung läutete. Weil Mutter Erdmute von innen an die Klinke ein Geschirrtuch gehängt hatte, erbrachte selbst das heimliche Lugen durch das Schlüsselloch keine Aufschlüsse darüber, was hinter der Tür geschah.

B. beobachtete jedoch mehrmals hintereinander, wie Vater Willibald mit einem leeren Eimer aus der Weihnachtsstube trat, ins Bad ging und kurz darauf mit einem vollen Eimer zurückkehrte. Vielleicht, so rätselte er, wollten die Eltern ihn mit einem Zimmer-Springbrunnen oder etwas Ähnlichem trösten.

Als die Glocke bimmelte, stürmten die Kinder in die gute Stube. Kaum hatten sie das Weihnachtszimmer betreten, blieb B. wie angewurzelt stehen: Auf einer Art Servierwagen stand doch tatsächlich ein Aquarium. Zwei etwa Fünf-Mark-Stück große, schwarz-silbern glänzende Fische mit schweifförmigen Flossen zogen im Wasser gemächlich ihre Kreise. Der Boden war mit feinen Kieselsteinen bedeckt. Daraus wuchsen eine tannenzweigförmige Pflanze und ein grüner Stab mit einer kleinen Kontrollleuchte. Ein Aufsatz tauchte das Ganze in warmes Licht. Seitlich hing ein Behälter aus Plexiglas, zu dem dünne Kunststoffschläuche führten und in dem es leise gluckerte.

Seine beiden neuen Freunde taufte B. auf der Stelle „Max" und „Moritz". Seinem Vater und seiner Mutter sprang er jauchzend an den Hals und dankte ihnen für die Erfüllung seines Wunsches, an die er nicht mehr geglaubt hatte.

Zur Gesellschaft für die beiden Skalare kaufte B. von seinem Taschengeld bunte Neonfische und zur Reinhaltung von Boden und Scheiben einen Wels. Im Laufe der Jahre ersetzte er das 30-Liter-Aquarium durch ein 80-Liter-Becken.

Als er bei den Eltern auszog, nahm er das Prachtstück mit und begründete damit seinen ersten eigenen Hausstand. Und als frischgebackener Familienvater setzte er sich mit seinem Erstgeborenen allabendlich davor. Beide beobachteten das muntere Treiben, bis dem Baby die Augen zufielen.

Wieder näherte sich das Fest der Feste. B. war zum vierten Mal Papa geworden und die alte Wohnung für die Familie viel zu klein. Der Umzug in ein größeres Domizil fand einen Tag vor Heiligabend statt.

Das Aquarium zog mit, aber der Transport hinterließ Spuren. An der Frontscheibe zeigte sich ein feiner Haarriss, aus dem am anderen Morgen Wassertropfen rannen. B. musste sich beeilen, um bis zum Geschäftsschluss vor den Feiertagen im Zoogeschäft Ersatz zu beschaffen.

Bei der Bescherung stand das neue Aquarium weitgehend unbeachtet an seinem Platz. Nur B. erinnerte es während der Feier im Kreis seiner Lieben an jenen 24. Dezember vor genau 25 Jahren, an dem er von seinen Eltern das Anfänger-Modell geschenkt bekommen hatte.

8

Das A-Wort

B. war elf und damit in dem Alter, das man Flegeljahre nennt. Baldus, sein fünf Jahre älterer Bruder, war kaum darüber hinaus. Bei jeder Gelegenheit, die sich ihnen bot, stritten die beiden miteinander. Da machte das Fest der Feste keine Ausnahme. Im Gegenteil: Gerade weil an Weihnachten von ihnen Harmonie erwartet wurde, brodelte es in den Brüdern wie in zwei Kesseln, die irgendwann überkochen mussten.

Das änderte sich auch nicht dadurch, dass B.s Familie für den Heiligen Abend die alleinstehende alte Dame aus dem Erdgeschoss einlud. Baldus und B. durften sie ungestraft „Tante Narr" rufen, denn Narr war ihr Familienname.

In ihrem Auftreten gab sich die Seniorin allerdings alles andere als närrisch: Von vornehmer Herkunft und gebildet, legte sie großen Wert auf Sitte und Anstand.

Mutter Erdmute und Vater Willibald riefen ihren beiden Söhnen noch einmal die Verhaltensregeln in Erinnerung, die sie ihnen seit jeher zu vermitteln versucht hatten: still sein, wenn die Erwachsenen reden; Messer und Gabel benutzen; auf keinen Fall streiten.

Fast alle groben Schimpfwörter, die B. kannte, hatte er von Baldus gelernt. Als der Kleine, Brave und Mutters Liebling verzichtete er aber normalerweise darauf, sie anzuwenden.

Das Verhängnis nahm seinen Lauf, als Tante Narr während des Festessens nach einem Pfefferstreuer verlangte. Mutter Erdmute beauftragte B., das kleine schmale Glasgefäß mit dem durchlöcherten Metalldeckelchen aus der Küche zu holen.

In der Küche stellte B. fest, dass das Gewürzregal für seine Körpergröße zu hoch angebracht war. Er schloss die Tür und sah sich nach etwas um, mit dessen Hilfe er das Gewünschte erreichen konnte. Der kleine Fußschemel schien ihm geeignet.

Weil B. auf sich warten ließ, wurde Tante Narr ungeduldig. Mutter Erdmute schickte

43

Baldus, nach seinem Bruder zu schauen. Baldus riss genau in dem Augenblick die Tür auf, als B. auf Zehenspitzen auf dem Fußschemel stand und nach dem Pfefferstreuer griff. Vor Schreck ließ er das Glas fallen. Es ging zwar nicht zu Bruch, aber der Deckel sprang ab und der Pfeffer verteilte sich über den Küchenboden.

Baldus feixte stumm. Sein Zeigefinger schoss erst in die Richtung seines Bruders, dann auf die Bescherung unter ihm. B. entfuhr ein wütendes: „Du Arschloch!"

Dieses Wort hatte B., solange er sich zurückerinnern konnte, noch nie gesagt. Jetzt war es ihm herausgerutscht. Ausgerechnet am Heiligen Abend. Und vor den Ohren von Tante Narr, die nebenan natürlich alles mitbekommen hatte.

Am liebsten wäre er im Erdboden versunken. Mutter Erdmute stürzte herein. Fassungslos blickte sie auf ihren Kleinen herunter: „Du gehst und entschuldigst dich sofort bei Tante Narr. Und dann verschwindest du ins Kinderzimmer und kommst erst wieder, wenn ich dich rufe!"

B. tat, wie ihm geheißen. Die Entschuldigung am Esstisch stammelte er mit gesenktem Blick. Seinen Bruder funkelte er nur hasserfüllt an.

B. war froh, als er die Kinderzimmertür hinter sich schließen konnte. Baldus schwor er Rache. Sich selbst nahm er vor, niemals wieder das A-Wort zu sagen, das ihm diesen Heiligen Abend so gründlich verdorben hatte.

9

Der schönste Baum *

B. s Wohnzimmer war eindeutig zu klein geworden: Entweder blieb für seine vier Kinder nicht genügend freie Fläche zum Spielen oder es gab keinen Platz mehr für den Weihnachtsbaum – jedenfalls nicht für die mannshohe Tanne, die B. zum Christfest aufstellen wollte.

Mussten nun die Kinder am Heiligen Abend nach der Bescherung das Weihnachtszimmer verlassen, um mit ihren Geschenken spielen zu können? Oder sollte man ein kleineres Bäumchen wählen, das sich auf ein Möbelstück stellen ließ? Oder wäre gar der komplette Verzicht auf einen Baum die beste Lösung?

B. überlegte hin und her und diskutierte das Problem auch mit den Kindern. Auf den Baum zu verzichten, kam für sie überhaupt nicht infrage. Und sie wollten einen „richtigen" Christbaum, also einen großen.

Da kam Malte, der Jüngste, auf die Idee: „Stellen wir den Weihnachtsbaum doch einfach auf den Balkon! Dann sehen wir ihn am Heiligen Abend durch die Glastür und haben im Zimmer immer noch genug Platz zum Spielen."

Gesagt, getan. Der Balkon war sowieso der Ort, an dem der frisch geschlagene Weihnachtsbaum alljährlich bis zum Fest abgelegt wurde. Diesmal stellte B. ihn gleich dort in den Christbaumständer und versah ihn pünktlich zum ersten Adventssonntag mit einer Lichterkette.

Über eine Zeitschaltuhr gesteuert, leuchtete der Tannenbaum jeden Morgen und jeden Abend im vorweihnachtlichen Glanz. Und am Vormittag des 24. Dezember durfte ein Familienmitglied Christbaumkugeln, Engel und Strohsterne aufhängen, damit der Baum am Heiligen Abend in voller Pracht erstrahlte.

Diese Tradition wurde beibehalten, als die Kinder aus dem Haus waren und im Wohnzimmer keine freie Fläche zum Spielen mehr gebraucht wurde. Auf diese Weise hatten B. und seine Lieben, aber auch die Nachbarn im Haus gegenüber schon während der gesamten Adventszeit Freude an dem Christbaum. Und wenn am Ende der Weihnachtszeit der Baum abgeschmückt und zur Sammelstelle getragen wurde, war er nicht abgenadelt, sondern sah immer noch so schön aus wie frisch geschlagen.

* Aus: Bruno Busch, Dicke Birnen − Geschichten von B., ISBN 978-3-00-061107-0, © 2018

10

Die Weihnachtsfrau

Als B. der Weihnachtsfrau zum ersten Mal begegnete, wäre er nie darauf gekommen, welche Bewandtnis es mit ihr hatte. Sie war eine Jugendliche wie viele andere auch. Gleichwohl besaß sie eine unverwechselbare Persönlichkeit: Sie hatte klare Vorstellungen von ihrer beruflichen Zukunft, obwohl sie sich noch in der Ausbildung befand, bediente sich guter Umgangsformen und pflegte bei der Auswahl ihrer Kleidung, ihres Schmuckes und ihrer Musik einen eigenen Stil. Zugleich stand sie, wie man so sagt, mit beiden Beinen fest auf dem Boden.

B. wunderte es nicht, dass einer seiner Söhne, der an derselben süddeutschen Ausbildungsstätte lernte, Gefallen an ihr fand. Die jungen Leute kamen sich näher und zogen zusammen.

Ins Staunen geriet B., als ihn die beiden das erste Mal in ihre Wohnung einluden. Es war

49

im Advent. Schon von draußen fiel B. die Beleuchtung der Fenster auf. Die bunten Lichterketten und die goldglänzenden Sterne waren sicher, vermutete B., die Idee der Freundin gewesen. Sein Sohn hatte für so etwas bisher eher wenig Interesse gezeigt.

Tatsächlich glich die gesamte Wohnung einem einzigen Weihnachtshaus. In allen Blumentöpfen blinkte es. Glitzernde Girlanden schwangen sich von einer Deckenecke zur nächsten. Die Gedecke auf dem Tisch waren von Tannengrün umrankt. Und in der Mitte des Wohnzimmers stand, obwohl es erst Anfang Dezember war, ein schwer behängter Christbaum, unter dem sich hübsch verpackte Geschenke stapelten.

„Das bin ich!" Die Gastgeberin lächelte selig. B.s Sohn stand etwas hilflos daneben. Doch auf seinen Wangen zeigten sich Grübchen wie immer, wenn er schmunzeln musste. „Für die Technik bin ich zuständig", verwies er auf die Stromkabel entlang der Fußbodenleisten und die Wände hinauf.

Auch für die Päckchen unter dem Weihnachtsbaum hatte B.s Sohn eine Erklärung:

„So haben wir schon den ganzen Advent über etwas, worauf wir uns freuen können." Und mit einem Seitenblick zu seiner Freundin fügte er hinzu: „Weihnachten feiern wir nämlich in ihrer Familie. Wenn wir unsere Wohnung erst kurz vor dem Fest schmücken würden, hätten wir von all der Herrlichkeit ja gar nichts."

Weil die junge Frau aus Norddeutschland stammte und Heimweh nach ihrer Herkunftsfamilie hatte, zog das Paar nach erfolgreich abgeschlossener Berufsausbildung vom Süden in den Norden der Republik. Dort fand die Hochzeit statt. Und zwar, wie konnte es anders sein: im Advent.

Spätestens da wurde B. endgültig bewusst, dass seine zukünftige Schwiegertochter eine Weihnachtsfrau war. Die neue Wohnung bordete über vor einschlägiger Dekoration. Im Hausflur begrüßte die Ankommenden ein lebensgroßer Coca-Cola-Weihnachtsmann aus Pappmaché. Braut und Bräutigam küssten sich unter Mistelzweigen. Und als B.s Sohn seine frisch Angetraute über die Schwelle trug, begannen ihr Brautstrauß und ihr Hochzeitskleid weihnachtlich zu blinken.

51

11

Ehrungsfoto

In dem diakonischen Unternehmen, in dem B. arbeitete, reihte sich in der Adventszeit eine Weihnachtsfeier an die andere. An allen 15 Standorten wollten die Mitarbeitenden in den verschiedenen Einrichtungen mit den ihnen anvertrauten Menschen feiern. Rektor Dr. Andreas Bond, die Oberin und die übrigen Mitglieder des geschäftsführenden Vorstandes reisten von einem Standort zum nächsten. Überall dankten sie für die im zu Ende gehenden Jahr geleistete Arbeit und sprachen ihre Glück- und Segenswünsche zum Christfest und für den Jahreswechsel aus.

Den Anfang machte traditionell die Weihnachtsfeier für die Grünen Damen und Herren der Evangelischen Kranken- und Altenhilfe. So genannt, weil sie ihren ehrenamtlichen Besuchsdienst in grünen Kitteln versahen. Neben dem Rektor und der Oberin begrüßte die zuständige Einsatzleiterin auch den ärztli-

chen Direktor des Krankenhauses und die Lei-
terin des Seniorenzentrums.

Die Tische waren festlich geschmückt, Kaf-
feekannen und Christstollen standen bereit.
Nach den obligatorischen Grußworten und
dem Kaffeetrinken verlas die Einsatzleiterin
den Jahresbericht. Daraus ging hervor, wie
viele Stunden die Grünen Damen und Herren
in den zurückliegenden zwölf Monaten im
Einsatz gewesen waren.

Herzlicher Applaus galt jenen, die bereits
zehn, 20, 25 oder noch mehr Jahre in der Kran-
ken- und Altenhilfe Dienst taten. Es waren
viele und alle wurden von der Oberin mit Blu-
men und vom Rektor mit Urkunden geehrt.

Dann kam B.s Auftritt. Er war für die Presse-
und Öffentlichkeitsarbeit zuständig und sollte
die Ehrung fotografieren. Das Bild und der da-
zugehörige Text waren für die Tagespresse,
das Internet und die Hauszeitung bestimmt.

Das Platzieren der Gruppe auf der mit
Tannenzweigen dekorierten Bühne stellte B.
vor eine Herausforderung. Wegen der großen Zahl mussten sich die Geehrten in zwei
Reihen aufstellen. Dr. Bond, den Vorstands-

vorsitzenden, nahmen sie in die Mitte. Die Oberin und die Einsatzleiterin postierten sich rechts und links.

B. stieg zum Fotografieren auf eine Leiter. Alle Gesichter sollten gut zu erkennen sein und niemand einen anderen verdecken. B. bat darum, freundlich in die Kamera zu lächeln. Viele Male drückte er auf den Auslöser, denn irgendwer blickte immer zur Seite oder nach unten, überprüfte gerade die Frisur oder musste blinzeln. Um keine Peinlichkeit aufkommen zu lassen, bat B. das Publikum – also die Gäste und diejenigen Grünen Damen und Herren, die diesmal nicht geehrt wurden – um langanhaltenden Beifall.

Endlich war B.s Aufgabe erledigt. Da nahm ihn der Rektor unauffällig zur Seite. Leise raunte er B. ins Ohr: „Lassen Sie mich da raus. Ich bin oft genug in der Zeitung. Sie dürfen das Bild gern veröffentlichen, aber bitte ohne mich."

„Wie soll ich das denn hinkriegen", fragte B., „Sie stehen doch mitten im Bild!?" Dr. Bond zuckte mit den Schultern: „Lassen Sie sich was einfallen. Sie sind schließlich der Fachmann!"

Die digitale Fotografie, die auch in der Diakonie Einzug gehalten hatte, bot viele Möglichkeiten, ein Bild zu bearbeiten. Mit Hilfe eines entsprechenden Software-Programms konnte B. einen verwelkten Rasen mit frischem Grün einfärben oder einen grauen Himmel blau machen. War für ein Gebäude ein Umbau geplant, konnte B. es auf dem Foto mit der Zeichnung des Architekten überkleben. Aber wie sollte er aus dem Ehrungsbild den Rektor herausschneiden, ohne dass es auffiel?

B. schaute sich die Aufnahme gründlich an und studierte vor allem den Hintergrund. Die Tannenzweige an der Bühnenrückwand brachten ihn auf eine Idee.

Am nächsten Morgen erschien das Foto in der Zeitung. Darauf drängten sich die geehrten Grünen Damen und Herren, flankiert von ihrer Einsatzleiterin und der Oberin, um ein mannshohes, schlankes Tannenbäumchen, das aus einem weihnachtlich verzierten Pflanzkübel wuchs.

Niemand fragte B., wie der Baum dahingekommen war. Nur Dr. Andreas Bond schenkte ihm im Vorübergehen ein zufriedenes Nicken.

12

Fensterln

Was machen Sie eigentlich am ersten Weihnachtsfeiertag?" Wenn B. diese Frage gestellt bekam, zuckte er nur mit den Schultern und schwieg. Was sollte er auch sagen, ohne dass es peinlich wurde?

Als mehrfacher Familienvater musste er am Morgen des ersten Feiertages die lieben Kleinen bei Laune halten, solange ihre Mutter das Chaos aufräumte, das die Bescherung am Heiligen Abend hinterlassen hatte. Sie fegte Böden, saugte Teppiche und kümmerte sich um das Festessen. Der Rest der Familie war ihr überall im Weg.

Also zog B. sich und den Kindern die Winterschuhe und die dicken Mäntel an, nahm Wollmützen und Fäustlinge von der Garderobe und flüchtete mit dem Nachwuchs nach draußen. Dort wartete in aller Regel ein grauer Vormittag unter einem wolkenverhangenen Himmel.

„Gehen wir Fensterln?", rief der Raul, der Älteste, der das Ritual noch von früheren Jahren
her kannte und sich mit geradezu diebischer
Vorfreude die Hände rieb. „Was ist Fensterln?", bohrte seine Schwester Franziska, die
von allen Franzi gerufen wurde. „Das wirst du
gleich sehen", spannte Raul sie auf die Folter.
Die beiden Jüngsten rannten voraus.

Die Straße, in der B. und seine Familie wohn-
ten, lag in einem reinen Wohngebiet an einem
Hang. Es gab nur Ein- und Zweifamilienhäuser.
Manche standen einzeln da, andere waren in
Reihenbauweise erstellt. Fast alle hatten he-
ckenumfriedete Vorgärten, entweder als reine
Grünflächen gestaltet oder mit Sträuchern be-
pflanzt. Die Blumenrabatten, die im Sommer
kleine Blütenparadiese bildeten, waren im
Winter mit Tannenreisig bedeckt. Von den
Gartentürchen führten verbundsteingepflas-
terte Wege zu den Hauseingängen. An der
Nordseite fiel das Gelände leicht ab, die Son-
nenterrassen und Wohnzimmer der Häuser
zeigten zur Straße hin.

„Halt, schaut doch mal", pfiff B. seine beiden
Jüngsten zurück. Durch eine Hecke, die im

Winter ihr Laub verloren hatte, wies er über den Vorgarten hinweg in ein hell erleuchtetes Fenster: die Weihnachtsstube der Nachbarn. Hinten in der Ecke stand der glitzernd geschmückte Tannenbaum, davor türmte sich ein Berg ausgepackter Geschenke. Ein Mädchen versuchte, auf einem Kinderfahrrad das Gleichgewicht zu halten. Ein alter Mann saß in einem klobigen Ledersessel, auf seinen Knien wippte ein Baby. Aus dem Fernseher an der Wand wurde ein Weihnachtskonzert übertragen.

So oder ähnlich sah es hinter vielen Fenstern aus, in die B. und die Seinen nach und nach blickten. Mal erhellten nur die elektrischen Christbaumkerzen ein dunkles Zimmer, mal tauchten Deckenstrahler die gute Stube in grellen Glanz. Hinter Küchenfenstern bereiteten Hausfrauen das Festessen vor. In Kinderzimmern balgten sich Geschwister um ein Spielzeug. Modelleisenbahnen drehten sich vor ihren Besitzern im Kreis. Da war kaum ein Fenster, hinter dem nicht irgendetwas Interessantes zu entdecken gewesen wäre.

Manchmal bettelten die beiden Kleinen darum, von B. auf die Schulter gehoben zu werden, um besser sehen zu können. Keins der Kinder protestierte gegen den Aufstieg zur nächsten Straße. Denn dort lockten ja weitere Einblicke.

„Jetzt ist Schluss", verkündete B. nach einem Blick auf die Uhr, „wir müssen nach Hause. Das Mittagessen ist fertig."

„Wie schade!", maulte Franzi. Aber Raul schlug vor: „Heute Nachmittag, wenn es dämmert, ziehen wir alle zusammen noch einmal los!"

13

Geschenke-Raten

Solange B.s Kinder klein waren, artete die Bescherung am Heiligen Abend regelmäßig in ein wildes Durcheinander aus. Das Tohuwabohu entstand, weil sich alle gleichzeitig über die Geschenke hermachten: Jedes Kind suchte – die Kleineren mit Unterstützung der Größeren – aus dem Berg heraus, was ihm gehörte. Dann begann das Reißen an Schnüren und Schleifen und das Auswickeln aus dem Geschenkpapier.

Es folgten ein großes Hallo, begeisterte „Hier, schau doch mal!"-Rufe oder auch Tränen, wenn etwas nicht den Vorstellungen des Beschenkten entsprach.

Die Bescherung der Eltern und Großeltern oder auch von Gästen passierte ohne Aufsehen nebenher.

Das änderte sich erst, als die Kinder größer und vernünftiger wurden. B. bat alle Familienmitglieder zu überlegen, wie es zu schaffen wäre, in den Ablauf eine Ordnung zu bringen – und zwar so, dass nicht nur alle etwas von der Bescherung hatten, sondern auch mitbekamen, welche Geschenke die anderen auspackten und wie sie darauf reagierten.

B. war dafür, immer ein Geschenk nach dem anderen zu öffnen. Tochter Franziska schlug vor, das abwechselnd zu tun, am besten reihum. Raul, der Älteste, hatte die Idee, dass derjenige, der zuletzt ausgepackt hatte, das nächste Geschenk aussuchen und an den Empfänger überreichen durfte.

So wurde es probiert. Malte, der Jüngste, quengelte zwar, wenn die Bescherung ihm zu lange dauerte. Aber auch er lernte, sich zu gedulden.

Ins Stocken geriet die Prozedur allerdings jedes Mal, wenn Janosch, der Zweitjüngste, an der Reihe war. Er mochte sich nicht damit begnügen, sein Geschenk einfach nur auszuwickeln. Zuerst betastete er es von allen Seiten. Dann hob er es an, um das Gewicht abzuschätzen. Und schließlich schüttelte er es vorsichtig und achtete dabei auf etwaige Geräusche.

„Es ist ein Buch!" – „Es ist ein Modellauto mit Fernsteuerung!" – „Es sind saure Schnüre aus Fruchtgummi!", rief Janosch. Wenn sich dann beim Auspacken herausstellte, dass er richtig geraten hatte, erntete er von den anderen achtungsvollen Applaus, wenn nicht – was selten der Fall war –, ein spöttisches Gelächter.

„Ich will auch raten", trompetete irgendwann der kleine Malte. Von da an blieb es nicht allein Janosch vorbehalten, zu fühlen, zu wiegen, zu rütteln, zu lauschen oder sogar den Geruchssinn zu bemühen. Jung und Alt fanden gleichermaßen Spaß daran.

Die Bescherung zog sich zwar weiter in die Länge, hatte aber nicht nur ihre Ordnung, sondern zusätzlich noch einen spielerischen Reiz.

Janosch, der Erfinder des heiteren Geschenke-Ratens, hörte als erster wieder damit auf. Inzwischen führten die Kinder ihre Wunschlisten im Internet. Janosch wünschte sich nur noch Computerspiele oder entsprechende Gutscheine. Weil er wusste, dass sein Vater wenig davon hielt, setzte er zur

Abwechslung auch mal ein Kleidungsstück mit grellbuntem Aufdruck auf die Liste. Fand er unter dem Christbaum zwischen lauter CD-Hüllen oder Kuverts dann doch ein dickeres Päckchen vor, zogen sich seine Wangen zu Grübchen zusammen und er erklärte siegesgewiss: „Da brauch' ich nicht mehr zu raten. Das kann ja wohl nur meine Jacke oder das T-Shirt sein ..."

14

Martinstag

Für B. begann die Vorweihnachtszeit mit dem Martinstag. Schon im Kindergarten und in der Grundschule beeindruckte ihn die Legende vom römischen Soldaten Martinus, dem späteren Bischof von Tours, der seinen Mantel mit einem frierenden Bettler teilte.

B. verstand nur nicht, warum mancherorts die Laternenläufe im November als Martinsumzüge bezeichnet wurden. Für B. war das Zufall: Der 11. November war der Namenstag von Martin, deshalb hieß er Martinstag. Das Laternelaufen war einfach ein Brauch, bei dem Kinder im Spätherbst nach Einbruch der Dunkelheit mit selbstgebastelten Laternen durch die Straßen zogen und Laternenlieder sangen.

Während seiner Berufsausbildung stieß B. auf eine andere Sitte, die mit dem Martinstag zusammenfiel. Damals trug die Staatsbahn in Westdeutschland den Namen Bundesbahn. Alljährlich am Martinstag veranstaltete die

Bundesbahndirektion Frankfurt am Main ihre Jahres-Pressekonferenz. Als angehender Journalist nahm B. daran teil. Den Höhepunkt und Abschluss bildete ein gemeinsames Martinsgansessen.

Mantelteilen – Laternelaufen – Gansessen: Was hatten diese drei miteinander zu tun?, fragte B. sich.

Nicht im Hessischen, wo er aufgewachsen war, sondern im Rheinland, wohin ihn die Wehrpflicht und sein Beruf verschlagen hatten, erfuhr B., was es mit den Martinsumzügen auf sich hatte. Dort wurde das Laternelaufen nämlich von einem Mann angeführt, der, als römischer Soldat verkleidet, auf einem Pferd saß. Der Reiter spielte Martins Mantelteilung nach. Er zog ein hölzernes Schwert und reichte einen Teil seines Umhangs einer Gestalt, die den Bettler markierte. Im Schwäbischen, wo B.s Kinder im Umzug mitliefen, verteilte Sankt Martin mit seinen Gehilfen im Anschluss Brezeln oder Hefezopf und heiße Getränke.

Und das Martinsgansessen? Im Internet fand B. verschiedene Erklärungen: In der frühen Christenheit und im Mittelalter begann mit dem Martinstag die vorweihnachtliche Fastenzeit. Am letzten Tag davor durften die Gläubigen noch einmal schlemmen. Am Martinstag endete das bäuerliche Wirtschaftsjahr, Steuern wurden fällig und oft in Naturalien bezahlt, zum Beispiel in Gänsen. Weil zudem Zinsfristen endeten oder begannen, wurde der Martinstag auch Zinstag genannt. Er wurde mit einem Fest begangen, bei dem Gänse als Festschmaus dienten.

Das Wichtigste am Martinstag blieb für B. das Teilen nach dem Vorbild des Martin von Tours. Als in Deutschland 1989 die Mauer fiel, sah B. darin die Chance für ein ganzes Volk, teilen zu lernen. Als in der Folge die Europäische Union Länder des ehemaligen Ostblocks aufnahm, war das für B. kontinentweites Teilen. Und als Mitte der 2010er-Jahre in großer Zahl Flüchtlinge aus dem Bürgerkriegsland Syrien und später aus Afrika nach Europa drängten, stand für B. außer Zweifel: Teilen war eine weltweite Aufgabe. Wie die Botschaft des Martinstages und das Geschenk von Weihnachten allen Menschen galt – ohne Ansehen von Hautfarbe und Herkunft.

15

Mitternachtsmette

B. wurde evangelisch erzogen. Aber einmal im Jahr nahm er an einer katholischen Messe teil. Und das kam so:

Seit seinem sechsten Lebensjahr gehörte B. dem örtlichen Blockflötenkreis an. Auch sein fünf Jahre älterer Bruder Baldus spielte darin mit. Die Gruppe bestand aus Kindern und Jugendlichen, die Einzelunterricht im Flötespielen nahmen. Zusätzlich trafen sie sich einmal in der Woche zum gemeinsamen Musizieren. Im Einsatz waren Instrumente aller Tonlagen, von der Großbass- bis zur Sopranino-Blockflöte. Angeleitet wurden die Mädchen und Jungen vom Organisten der evangelischen Stadtkirchengemeinde. Einwöchige Schulungen gab es während der Ferien in einer Jugendherberge irgendwo in Deutschland oder im benachbarten Ausland.

B.s Blockflötenkreis übte nicht nur, er brachte das Gelernte auch zu Gehör, in aller

Regel bei Kirchenkonzerten. Zum Zuhören kamen die Verwandten und Bekannten, sonstige Musikinteressierte und Mitglieder der Kirchengemeinden, in denen die Konzerte stattfanden. Ausgewählte Chormitglieder traten gemeinsam mit Streichern oder Klavier- und Cembalospielern bei Kammerkonzerten auf.

Die meisten Konzerte gab B.s Blockflötenkreis in der Advents- und Weihnachtszeit. Das Programm, das jährlich wechselte, beinhaltete bekannte und weniger bekannte Weihnachtslieder sowie klassische Musikstücke.

Das Konzert am vierten Adventssonntag fand traditionell am Haupt-Wirkungsort des Chorleiters statt, also in der evangelischen Hauptkirche von B.s Heimatstadt. Orgel- und Blockflötenmusik ergänzten einander. Manchmal wirkten auch Gesangs-Solisten mit.

Am Heiligen Abend gehörte der evangelische Gottesdienst für B. und Baldus zum familiären Pflichtprogramm. Nicht Pflicht, sondern Kür war, was auf das Festessen und die Bescherung folgte. Widerspruchslos gingen die Kinder früh zu Bett. Eine halbe Stunde vor Mitternacht wurden sie wieder geweckt, schlüpften in ihre warmen Wintersachen und zogen ihre dicken Wollmützen und Handschuhe an. Mit Flöten, Noten und Notenständern bepackt, eilten sie zur nahen katholischen Kirche. Auf der Empore hatte der Blockflötenkreis seit Jahren seinen angestammten Platz. Mitternachtsmette hieß der Gottesdienst in der ersten Stunde des ersten Feiertages.

B. mochte den außergewöhnlichen Zeitpunkt und die besondere Atmosphäre. Er staunte, wie viele Menschen sich mitten in der Nacht auf den Weg gemacht hatten. Sie saßen oder standen dicht gedrängt in den Reihen. Orgelklänge und Gemeindegesang erfüllten das Gotteshaus. Die Holzbläser ergänzten die Liturgie flötistisch.

Der Abschluss war für B. der Höhepunkt. Alle elektrisch betriebenen Lampen erloschen. Nur die Kerzen am Christbaum, auf dem Altar und in eigens dafür aufgestellten Leuchtern brannten. Und dann, nach dem imposanten Einsatz der Orgel, sang die Gemeinde im Stehen das weltweit bekannte Weihnachtslied: „Stille Nacht, heilige Nacht ..."

16

Muhammad

Muhammad war 31, als ihn im Sommer 2015 die große Flüchtlingswelle aus dem Bürgerkriegsland Syrien nach Deutschland schwemmte. Sein Plan war, nach Großbritannien oder in ein skandinavisches Land weiterzureisen und dort Asyl zu beantragen. Aber in Passau holte ihn die Polizei aus dem Zug und schickte ihn in ein bayerisches Erstaufnahmelager.

Zu seiner abenteuerlichen Flucht über das Mittelmeer nach Griechenland war Muhammad mit vielen anderen Flüchtlingen in einem Schlauchboot aufgebrochen. Glücklicherweise kenterte es nicht, aber Muhammad verlor beim Aussteigen seine festen Schuhe.

In Sandalen und trotz einer Gehbehinderung, die er sich in seinem Heimatland bei einem Autounfall zugezogen hatte, marschierte er zu Fuß durch Mazedonien und auf der Balkanroute bis Serbien. Als er unterwegs einmal unglücklich stürzte, erlitt er einen Armbruch, der nicht behandelt wurde. 2000 Euro bezahlte Muhammad dafür, dass ihn ein überfüllter Kleinbus zur ungarisch-österreichischen Grenze brachte. Kurz vor dem Ziel hieß es: Aussteigen! Bei dem Versuch, zu Fuß nach Österreich zu gelangen, wurde Muhammad von Grenzbeamten aufgegriffen und in den Zug nach Deutschland gesetzt.

B. und seine Frau Donata verfolgten wochenlang in den Fernsehnachrichten die Bilder von den Bootsflüchtlingen und dem Treck über die Balkanroute. Die beiden bewunderten die vielen tausend Menschen, die den Geflüchteten mit Essen, Trinken, Kleidern und provisorischen Übernachtungsmöglichkeiten halfen. „Was können wir denn tun?", fragte Donata ihren Mann. Die beiden wohnten weder in einer Grenzregion noch in der Nachbarschaft einer Flüchtlingsunterkunft.

B. hatte eine Idee, die ihm fast zu billig vorkam: „Wie wäre es, wenn wir einmal eine Flüchtlingsfamilie zu uns einladen, vielleicht sogar an Weihnachten?" Donata stimmte zu und B. stöberte im Internet nach den Adressen

71

von Hilfsorganisationen und Ämtern. Doch die Suche gestaltete sich schwieriger als angenommen.

Staatliche Stellen verwiesen auf Schutzpflichten, die es ihnen verboten, Namen und Adressen von Flüchtlingen herauszugeben oder die Lager für Fremde zu öffnen, die dafür keine Berechtigung hatten.

Nichtstaatliche Stellen warben vor allem um finanzielle Unterstützung und suchten Menschen, die bereit waren, sich für die Arbeit mit Geflüchteten in Vereinen und Organisationen zu qualifizieren.

Fündig wurde B. in den sozialen Medien. Über eine Internet-Plattform für Gesuche und Angebote in der Flüchtlingshilfe knüpfte B. Kontakt zu Anja. Sie war ehrenamtliche Mitarbeiterin in einem Erstaufnahmelager.

„Ich betreue hier einen jungen Mann aus Syrien", schrieb sie. „Er wird zurzeit in einem Krankenhaus am Arm operiert. Danach zieht er in ein Asylbewerberheim um, das für mich zu weit entfernt ist. Möchten Sie sich um ihn kümmern?"

Donata und B. sagten ja.

Ein paar Wochen später saßen B. und Donata in einem Café Anja und Muhammad gegenüber. Mit seinem freundlichen Wesen und den schwarz leuchtenden Augen gewann der junge Syrer auf Anhieb die Sympathie seiner neuen Bekannten.

Von diesem Tag an bekam Muhammad fast jedes Wochenende Besuch von Donata und B. im Asylbewerberheim. Oder die beiden holten ihn dort ab und fuhren ihn mit dem Auto in ihr 30 Kilometer entferntes Zuhause.

Muhammad erzählte zunächst auf Englisch, später auch auf Deutsch von seiner Heimat im Norden Syriens, seinem Wirtschaftsstudium und seiner Arbeit als Bankangestellter in Aleppo. „Die Bank ist kaputt. Alle meine Kollegen sind in Europa", berichtete er.

Und er zeigte Bilder von Djamila, seiner Frau. Die beiden hatten erst zwei Jahre vorher geheiratet. Den Gefahren der Flucht wollte der junge Ehemann sie nicht aussetzen. Aber er hoffte, sie bald nachholen zu können.

Als praktizierender Muslim verrichtete Muhammad während seiner Besuche regelmäßig in Donatas Küche die ihm vom Koran vorgeschriebenen Gebete. Wenn B. vor einer Mahlzeit ein Tischgebet sprach, stimmte Muhammad am Ende in das Amen ein. Und bei Gesprächen über ihre unterschiedliche Religion zeigte er gern nach oben und erklärte: „Das ist eine Sache zwischen Gott und dem einzelnen Menschen."

B. und Donata schafften es, für Muhammad eine preisgünstige Ein-Zimmer-Wohnung in ihrer Stadt zu finden, und unterstützten ihn bei der Einrichtung. Er besuchte einen Sprach- und Integrationskurs und absolvierte ein Praktikum in der Firma, in der B. arbeitete.

In diesem Jahr war es keine Frage, dass Muhammad das Christfest in B.s Familie feierte. Er ging auch ganz selbstverständlich zum Heiligabend-Gottesdienst mit in die Kirche. Zuhause zeigte er B. und Donata eine Fotografie, auf der Djamila und er unter einem Weihnachtsbaum standen. „Viele unserer Freunde in Syrien waren Christen, und mit ihnen haben wir auch Weihnachten gefeiert", erklärte Muhammad.

Im Jahr darauf bekam Djamila von der Deutschen Botschaft in Erbil ein Visum. Donata und B. fuhren mit Muhammad zum Flughafen, um sie in Deutschland willkommen zu heißen. Die Ein-Zimmer-Wohnung reichte auch für zwei.

Muhammad arbeitete in einem Handy-Laden und verdiente eigenes Geld. Weihnachten feierte er wieder in B.s Familie, dieses Mal zusammen mit Djamila.

Am Ende des dritten Jahres ihrer Freundschaft waren Muhammad und seine Frau nicht mehr allein. Denn pünktlich zum Christfest brachte Djamila eine kleine Chakira zur Welt. Der Name bedeutet: die Dankbare.

17

Papa feiert auswärts

Gastarbeiter kamen Anfang der 1960er-Jahre zuerst aus Italien, später aus Spanien, Griechenland, der Türkei und anderen Ländern in die Bundesrepublik Deutschland. Viele wurden als un- oder angelernte Arbeitskräfte in der Industrie eingestellt – vor allem in Bereichen, für die deutsche Arbeitnehmer schwer oder gar nicht vermittelbar waren. Ihre Arbeits- und Aufenthaltserlaubnis war in aller Regel befristet und die meisten wollten ohnehin nur vorübergehend die besseren Verdienstmöglichkeiten nutzen und so bald wie möglich in ihre Heimatländer und zu ihren Angehörigen zurückkehren.

Der erste Gastarbeiter, den der Grundschüler B. kennen lernte, hieß Vincenzo. Er war Italiener und arbeitete im selben Betrieb wie B.s Vater Willibald.

„Langesame, langesame!", lautete Vincenzos meistgebrauchte Redewendung, als er

Deutsch zu lernen begann. Denn die Einheimischen, auf die er in seiner neuen Umgebung traf, sprachen ihm viel zu schnell. Aber auch der alltäglichen Hektik, die er aus seiner mediterranen Heimat nicht kannte, suchte Vincenzo sich mit seinem „Langesame, langesame" zu erwehren.

In der Firma blieb Vincenzo nicht der einzige Gastarbeiter, nein, es wurden mit der Zeit immer mehr. Manche brachte Vater Willibald nach der Arbeit zum Abendessen mit nach Hause, manche folgten seiner Einladung zum Sonntagsgottesdienst. „Es muss sich jemand kümmern", war Willibald überzeugt. Und wenn es sonst keiner tat, tat er es eben.

Die Mitglieder von B.s Herkunftsfamilie trennten sich von Hausrat und Möbeln, die sie selbst nicht mehr brauchten, und sammelten alle möglichen Alltagsgegenstände auch bei Nachbarn und in der Verwandtschaft, um Neuankömmlinge damit auszustatten. B.s Vater half ihnen, sich einzurichten, unterstützte sie bei Besorgungen und begleitete sie auf Behörden und zu Ärzten.

77

Für B. und seinen Bruder Baldus bedeutete dies, dass ihr Vater noch weniger Zeit für sie hatte als vorher. Auch Mutter Erdmute begann, sich über die häufige Abwesenheit des Familienoberhauptes zu beklagen, obwohl sie sein Engagement grundsätzlich bejahte.

Selbst in der Vorweihnachtszeit nahm Vater Willibalds Einsatz für die Gastarbeiter nicht ab, sondern eher zu. „Sie sollen sich doch gerade im Advent bei uns zu Hause fühlen, wenn sie schon nicht bei ihren Lieben sein können", lautete seine Begründung.

So kam es, dass die übrigen Familienmitglieder auch in der Adventszeit viele Abende allein verbrachten. „Aber an Weihnachten bin ich daheim", versprach Vater Willibald, „da feiern wir miteinander, machen Spiele und holen alles nach, was wir vor dem Fest versäumt haben." B. sah keinen Grund, daran zu zweifeln.

Tatsächlich war an Heiligabend alles wie immer. Der Vater stellte den Weihnachtsbaum auf, die Mutter kochte für die Feiertage vor und die Kinder lauschten im Radio Sendungen wie „Wir warten aufs Christkind" mit Weihnachtsliedern und -geschichten, um sich die Zeit bis zur Bescherung zu vertreiben.

Als das Telefon klingelte, erwarteten alle die ersten Festtagsgrüße. Doch am anderen Ende der Leitung war Vincenzo und berichtete verzweifelt, dass seine italienischen Freunde und er in einer eiskalten Wohnung saßen, weil der Ofen kaputt war. „Ich komme", entschied Vater Willibald spontan, und seiner ungläubig den Kopf schüttelnden Ehefrau erklärte er: „Es dauert nicht lange. Ich kenne mich aus ..."

Als eine halbe Stunde später B.s Lieblingstante anrief und allen frohe Feiertage wünschen wollte, schockierte B. sie mit dem lapidaren Hinweis: „Papa feiert auswärts."

Genau in diesem Moment öffnete sich aber die Wohnungstür und herein kam Vater Willibald mit Vincenzo im Schlepptau. Unter jedem Arm trug der Italiener ein Paket – eines für B., eines für Baldus – und nickte grüßend in die Runde. Als sich die Kinder ihm ausgelassen um den Hals hängen wollten, wehrte er sie jedoch sanft ab, und zwar mit seinem Leitspruch: „Langesame, langesame!"

79

18

Rouladen

Am zweiten Weihnachtsfeiertag besuchte B. mit Frau und Kindern seine Eltern. Zu sechst passte man – zumal mit allem Zubehör – in keinen Pkw. Ein weißer Kleinbus mit acht Sitzplätzen diente als Familienkutsche.

Die Kinder packten alles ein, was sie am Heiligen Abend unter dem Christbaum vorgefunden hatten. Zum einen, damit es ihnen nicht langweilig wurde, zum anderen, um Oma Erdmute und Opa Willibald die neuen Sachen vorzuführen. Selbstverständlich hatte jedes Kind ein kleines Geschenk für die Großeltern dabei, selbst gebastelt oder vom Taschengeld gekauft.

B.s Eltern lebten in einer Einrichtung für Betreutes Wohnen 50 Kilometer entfernt. Auf der Fahrt über die Autobahn vertrieben die Kinder sich die Zeit mit „Ich sehe was, was du nicht siehst" oder „Ich packe meinen Koffer ..." und sie schmetterten Weihnachtslieder.

Der Empfang verlief, als hätte man sich seit einem Jahr nicht gesehen, dabei lag der letzte Besuch keine vier Wochen zurück. Oma Erdmute weinte Tränen vor Freude, ihre Enkel wieder in die Arme schließen zu können. Opa Willibald sah vom Lehnstuhl aus zu und setzte sein bestes Festtagsgrinsen auf.

Einen Tannenbaum gab es nicht. Aber auf dem Fernseher in der Ecke stand eine Vase mit Tannenzweigen, und an ihnen glänzte das unvermeidliche silberne Lametta.

Die gegenseitige Bescherung wurde zur Enttäuschung der Kinder auf den Nachmittag verschoben. In der Essecke war für die Erwachsenen gedeckt, am niedrigeren Couchtisch kämpften die vier Geschwister um die Plätze. Oma Erdmute hatte weiße Tischtücher aufgelegt und die Tafel liebevoll mit Tannenzapfen und staniolumwickelten Schokoladekugeln geschmückt.

Noch bevor das Essen aufgetragen wurde, sog B. den lieblichen Geruch ein, der aus der Küche drang. Was es gab, war leicht zu erraten, denn bei seinen Eltern bekam B. jedes Jahr an Weihnachten sein Lieblingsgericht: Rinderrouladen mit Serviettenknödeln, Rotkraut und dunkler Bratensoße, wie es sich gehörte. Ganz wichtig war: Das Fleisch musste zart sein, so weich wie Butter. Die Fasern durften nicht in den Zwischenräumen der Zähne hängenbleiben, denn B. hatte empfindliches Zahnfleisch und musste aufpassen, dass es sich nicht entzündete.

Mehrere Male hatte B.s Frau versucht, den Rouladen-Geschmack von B. zu treffen, es aber irgendwann genervt aufgegeben. „Niemand kocht Rouladen so gut wie meine Mutter", war B. überzeugt. Und er fand dieses Urteil bestätigt, wenn am zweiten Weihnachtsfeiertag seine Leibspeise auf dem Tisch stand und sich alle darüber hermachten, als hätten sie seit Tagen nichts gegessen.

RINDERROULADEN
Rezept nach Mutter Erdmute

Zwei Rouladen mit Senf bestreichen, mit Salz und wenig Pfeffer bestreuen. Für die Füllung etwas Zwiebel, saure Gurke, ½ gekochtes Ei und etwas fetten Speck klein würfeln, auf einer Seite gemischt auf die Rouladen geben, diese aufrollen und mit Faden umwickeln. Etwa 50 g Fett erhitzen, ½ Lorbeerblatt und 1 bis 2 Gewürzkörner dazu geben und darin die Rouladen von allen Seiten anbraten (zum Anbraten Topf offenlassen). Man gibt ca. ¼ l kochendes Wasser mit etwas Salz hinzu und schmort (köchelt) sie im zugedeckten Topf bei schwacher Hitze weich. Schmorzeit: 2 bis 2 ½ Stunden.

Ganz zum Schluss: Soße mit ca. ¼ bis ½ l Wasser auffüllen und mit kleiner Menge Mehl oder Gustin, in kaltem Wasser mit etwas Salz glattgerührt, binden (andicken). Abgekühlt in den Kühlschrank stellen und nach völliger Abkühlung die Fettschicht entfernen.

19

Sackkarren-Ritual

Eine Sackkarre war für B. ein praktisches Gerät auf zwei Rädern, wenn es darum ging, Gegenstände, die schwer oder unhandlich waren, von A nach B zu transportieren. Erfunden worden war das Teil, wie der Name schon sagte, für das Befördern von Säcken. Auf der Karre konnte man aber auch Getränkekisten stapeln, Baumaterial heranschaffen oder Mülltonnen an den Straßenrand schieben.

Aus dem großen Angebot im Baumarkt wählte B. eine Sackkarre mit Faltmechanismus. Der stählerne Rahmen ließ sich platzsparend zusammenschieben. Die Ladeschaufel bestand aus Aluminiumguss und war einklappbar. Die leichtlaufenden Vollgummiräder erwiesen sich als weiterer Vorteil. Mit nur sechs Pfund besaß die Karre ein geringes Eigengewicht. Trotzdem hätte B. damit bis zu 70 Kilo schwere Lasten bewegen können.

Er benutzte die Sackkarre jedoch nur einmal im Jahr und zu einem einzigen Zweck.

Seine Dienstwohnung lag etwa eine halbe Stunde vom nächsten Baumarkt entfernt. Und dieser Baumarkt verkaufte am Samstag vor dem Ewigkeitssonntag, auch Totensonntag genannt, die ersten frisch geschlagenen Tannenbäume.

Wenn es soweit war, klemmte B. die Sackkarre unter den Arm, zog ein Paar Arbeitshandschuhe an und steckte einen Gepäck-Spanner in die Tasche. Das Spannseil aus Gummi besaß an beiden Enden Haken aus Metall.

Bei trockenem Wetter nutzte B. den Weg zum Baumarkt für einen Spaziergang, bei Regen nahm er den Bus.

Die Weihnachtsbäume waren im Freien aufgestellt, direkt vor dem Eingang oder im Außenbereich des Baumarkts. B. entschied sich rasch. Ein Zwei-Meter-Baum sollte es sein, ob Tanne oder Fichte war ihm egal. Allerdings achtete er auf den Preis.

Die Christbaumverkäuferin zog das ausgewählte Exemplar durch einen großen Trichter und verpackte es auf diese Weise in eine netzartige Hülle. In aller Regel half sie B. dabei, den Baum auf die Sackkarre zu hieven. B. befestigte ihn mit dem Spannseil am Rahmen. Die Schnittstelle am Stammende steckte er durch eine Öffnung der Ladeschaufel.

„Frohe Weihnachten!", bedankte sich B. für die Unterstützung, kippte Karre und Baum zur Seite und griff mit einer Hand direkt in die Baumspitze. So zog er von dannen.

Das eigentümliche Gespann – B. als Zugpferd voran, dahinter zwei Meter Tannenbaum bäuchlings auf Rollschuhen – erntete ungläubige Blicke aus vorbeifahrenden Autos. Fußgänger rieben sich verwundert die Augen und riefen: „Was ist denn das für ein Umzug?", oder: „Sind Sie etwa der Weihnachtsmann?"

Mitunter tönte B. auch hämisches Gelächter entgegen. Einmal sah er sogar einen Stinkefinger.

Wurde ihm der Arm zu schwer, legte er Baum und Sackkarre am Boden ab, wechselte die Seite und umfasste die Baumspitze mit der anderen Hand. Am Ende brachte er die Fuhre jedes Mal gut nach Hause.

Als B. in den Ruhestand trat und die Dienstwohnung aufgeben musste, zog er direkt neben den Baumarkt. Und obwohl das Verkaufs-
personal ihm den Christbaum jetzt an die
Haustür getragen hätte wie bei anderen
Käufern ans Auto, marschierte B. immer noch
mit der Sackkarre auf. „Das ist die Macht
der Gewohnheit", erklärte er und grinste,
„Ritual bleibt Ritual!"

20

Schnee und Eis

In seiner Heimatstadt im Westerwald wuchs B. in der Dachgeschosswohnung eines Mehrfamilienhauses auf. Wie in vielen anderen Mansarden auch, gab es unter den schrägen Wänden kleinere und größere Abstellkammern. Sie waren mit Türchen versehen und so niedrig, dass nur Kinder mühelos hineinkriechen konnten.

In diesen Hohlräumen waren das Jahr über Dinge untergebracht, die selten gebraucht wurden: die Reisekoffer, die Federballschläger, Omas kaputte Kuckucksuhr, der Entsafter, die Weihnachtskrippe, die Christbaumkugeln und das Lametta.

Für B. bildeten die Abstellkammern den schönsten Spielplatz, den er sich vorstellen konnte. Weil er der Kleinste war, überließen die anderen Familienmitglieder diesen Teil der Wohnung meistens ihm. Dort spielte er, dort bewahrte er seine Schätze auf und dort versteckte er sich, wenn es ihm geboten schien.

Die „Kabäuschen", wie die Großen die Hohl-räume nannten, waren nicht der einzige Vor-teil, den die Mansardenwohnung zu bieten hatte. Im Winter, wenn es in den Abstellkam-mern ungemütlich kalt wurde, gewannen die Fenstergauben an Bedeutung.

Auf den ersten Schnee wartete B. jedes Jahr sehnsüchtig. Wenn es dann soweit war, griff Vater Willibald zur Suppenkelle, öffnete das Fenster an einer der Gauben und beugte sich so weit er konnte über das Dach.

Mit der Kelle strich er die oberste Schnee-schicht vorsichtig zu sich heran. War die Kelle voll, leerte er den Schnee in die Aluminium-schüssel, die Mutter Erdmute dafür bereit-hielt.

B. und sein Bruder Baldus tanzten um den Küchentisch. Dort stellte die Mutter die volle Schüssel ab. Vater Willibald brachte aus der Speisekammer ein Glas, schraubte den Deckel ab und rührte mit einem Salatlöffel den Inhalt, die im Sommer von Mutter Erdmute zuberei-tete Marmelade, unter den frischen Schnee.

„Eis, Eis! Wir essen Marmeladeneis!", jubelten Baldus und B. und holten die Glasschälchen aus dem Küchenschrank und die Eislöffel aus der Besteckschublade.

Und weil der erste Schnee in aller Regel im Advent fiel, gehörte das Schneeeisessen zu dieser Zeit dazu wie der Adventskranz, der Nikolaustag und die Weihnachtsbäckerei.

21

Stadion-Singen

Als Mitglied im Fußballverein und gelegent-
licher Besucher von Heimspielen kannte
B. sich im örtlichen Stadion aus. Er wusste, wo
die Fans des eigenen Clubs standen und wo
sich der Gäste-Block befand. Das Abbrennen
von Pyrotechnik ärgerte ihn. Das Absingen der
Clubhymne versetzte ihn in erwartungsvolle
Stimmung, erinnerte ihn aber auch an charis-
matische Gottesdienste. Überhaupt fand B.,
dass die Zeremonie etwas Religiöses hatte.

Darum wunderte er sich gar nicht, als die
Idee aufkam, im Stadion ein Advents-Singen zu
veranstalten. Die vier Advents-Wochenenden
hatte sonst der Kommerz fest im Griff: Weihnachtsmärkte allerorten und verkaufsoffene
Advents-Sonntage in den Innenstädten ließen
kaum Zeit für Ruhe und Besinnung.

Dass die Sehnsucht danach trotzdem in
vielen Menschen schlummerte, bewies das
große Interesse am Advents-Singen schon im

Vorfeld. Die Tageszeitungen wiesen täglich darauf hin, der Kartenabsatz im Internet und an den örtlichen Vorverkaufsstellen lief gut.

B. reservierte für sich und seine Frau zwei Karten in dem Block, in dem er seinen Stammplatz bei Fußballspielen hatte.

Das Ankommen ähnelte dem bei Fußballspielen: Vor den Eingängen bildeten sich lange Schlangen, Sicherheitspersonal kontrollierte Handtaschen.

Aber dann: Ordner verteilten Liedblätter und Kerzen. An den Getränkeständen duftete es nach Glühwein und Punsch. Eine bekannte Lebkuchenbäckerei verteilte riesige Mengen ihrer Produkte kostenlos. Trotz der winterlichen Kälte und des einsetzenden Nieselregens sah man lauter fröhliche Gesichter. Väter, Mütter und Kinder strömten den Aufgängen zu, in ihrem Schlepptau Jugendliche und Hochbetagte, behinderte und nichtbehinderte Menschen.

Der Stadion-Sprecher, dessen Stimme B. von den Fußballspielen her vertraut war, hieß über die Lautsprecher alle willkommen. Bläserchöre, die auf Großleinwände projiziert

wurden, auf denen sonst die Zahl der gefalle-
nen Tore und die Namen der Torschützen
prangten, intonierten: „Tochter Zion, freue
dich!"

„Durch das Singen in der Gemeinschaft wird
das Gefühl für den Zusammenhalt in unserer
Stadt gestärkt", erklärte der Bürgermeister
den Sinn der Veranstaltung.

„Macht hoch die Tür", „Ihr Kinderlein kom-
met", „O du fröhliche" und sogar ein Andachts-
jodler erklangen aus vielen Tausend Kehlen.
Zwischen den Liedern gab es weitere An-
sprachen – sowohl von Abgesandten der Ver-
eine, Sponsoren und ehrenamtlichen Helfer,
die das Advents-Singen vorbereitet hatten, als
auch von Vertretern der Kirchen, ökumenisch
vereint.

Eine Grundschülerin las die Weihnachtsge-
schichte aus dem Evangelium nach Lukas und
erhielt langanhaltenden Beifall. An einen ge-
meinnützigen Verein, der sich zum Ziel gesetzt
hatte, Kliniken kinder- und familienfreund-
licher zu gestalten, wurde aus dem Erlös des
Kartenverkaufs ein überdimensionaler Spen-
denscheck überreicht. Der Trainer und einige

Stammspieler des Fußballclubs bedankten sich für die Treue ihrer Fans und wünschten fröhliche Weihnachten.

B. und seine Frau entdeckten auf den Sitzplätzen neben, vor und hinter sich niemanden, den sie kannten. Trotzdem fühlten sie sich mit allen verbunden, die den Weg zum Advents-Singen im Stadion gefunden hatten. Und für beide stand fest: „Im nächsten Jahr singen wir wieder mit!"

22

„Top of the Rock"

Zu einem Erlebnis besonderer Art wurde für B. und Donata der Besuch der nordamerikanischen Metropole New York.

15 Jahre zuvor war B. schon einmal in New York City gewesen, damals mit seinem ältesten Sohn. Raul und er hatten auf einem der beiden Türme des World-Trade-Centers gestanden, das später zerstört wurde.

Zum Gedenken an die 3000 Toten der Terroranschläge vom 11. September 2001 war inzwischen ein Mahnmal errichtet worden. B. und seine Frau lasen tief berührt einige der in schwarzen Marmor eingelassenen Namen.

Der Ersatzbau neben der Stelle der eingestürzten Türme, das One-World-Trade-Center, war noch nicht fertig. Im Preis der Pauschalreise, die Donata und B. gebucht hatten, war als Bonbon jedoch ein Besuch auf der Aussichtsplattform „Top of the Rock" enthalten. Sie befand sich auf einem 70-stöckigen Hochhaus des Rockefeller-Centers ebenfalls in zentraler Lage des Stadtteils Manhattan.

Die beiden kannten den Platz mitten in dem Gebäudekomplex aus dem Fernsehen. Jahr für Jahr hatten sie am Bildschirm verfolgt, wie der Bürgermeister von New York die 30.000 elektrischen Christbaumkerzen einschaltete. Im Winter diente der Platz sonst als Eislaufbahn. Zum Fest der Feste aber stand oder hing dort der größte Weihnachtsbaum der Vereinigten Staaten. Die Fichte war zwischen 20 und 30 Meter hoch und hatte an der breitesten Stelle einen Durchmesser von mindestens zehn Metern. Der Stern an der Spitze mit fast drei Metern Durchmesser bestand aus zigtausend Kristallen.

„Ist der aber klein." Donata meinte nicht den Baum, sondern den Platz, der im Fernsehen viel gewaltiger schien, als er in Wirklichkeit war. Irritiert und enttäuscht betraten Donata und B. das höchste und bekannteste Gebäude des Rockefeller-Centers.

Im Eingangsbereich schlossen sie sich der langen Schlange Wartender an. Leuchtkästen vor den Wänden zeigten die prachtvollen, immer anders gestalteten Weihnachtsbäume der vorangegangenen Jahre. Durch die Aufnahmetechnik der Fotos wirkte der Platz auf B. und Donata wieder genauso riesig, wie sie ihn von den Fernsehübertragungen in Erinnerung hatten.

Die Fahrt im Aufzug war aufregend. Durch die gläserne Decke beobachteten die Fahrgäste, wie der Schacht in rasantem Tempo an ihnen vorüberglitt. Die Beleuchtung setzte ihn effektvoll in Szene.

Die Aussichtsplattform „Top of the Rock" erstreckte sich über drei Stockwerke. Von jeder Etage aus veränderte sich der Blickwinkel auf die Hochhäuser der Stadt, das alles überragende Empire State Building und den Central Park. Und als B. und Donata auf den Hudson River hinunterschauten und weit draußen die Freiheits-Statue erkannten, verflog ihre Enttäuschung über den kleinen Platz für den großen Baum weit unter ihnen.

23

Wie im Himmel

War der junge B. einmal krank, konzentrierte sich alle Fürsorge auf ihn. Bisweilen war es aus seiner Sicht sogar des Guten zuviel. Aber er konnte sich nicht dagegen wehren, er war ja krank. Hatte er, um ein Beispiel zu nennen, Magen-Darm-Probleme, ließ Mutter Erdmute es sich nicht nehmen, ihm ihr Schleimsüppchen zu kochen. Schon von der Bezeichnung wurde B. schlecht. Dazu kamen die Medikamente, zu denen der Arzt, die Apotheke oder gute Nachbarn, Freunde und Verwandte rieten, sowie sämtliche Hausmittel, die Mutter Erdmute kannte.

Eine Woche vor Weihnachten erwischte B. die Grippe. Mit verschiedenen Symptomen hatte er sich schon eine ganze Weile herumgeschlagen. Plötzlich hochschnellendes Fieber zwang ihn ins Bett. Statt in der Schule die letzte Lateinarbeit des Jahres mitzuschreiben – Latein war eins seiner Lieblingsfächer –, lag er

dick eingemummelt danieder, bekam Nasen-
tropfen, lutschte Hustenbonbons und musste
Bronchialtee trinken. Sogar das Essen wurde
ihm ans Bett gebracht. Als einzige Bewegung
war ihm der Klogang erlaubt.

Am 23. Dezember verkündete B.: „Morgen
stehe ich auf. An Heiligabend bleibe ich nicht
im Bett – da könnt ihr machen, was ihr wollt."

Pünktlich zum Frühstück war B. am nächsten
Tag auf den Beinen, wenn auch noch im Schlaf-
anzug. Damit es ihm nicht zu kalt wurde, trug
er schon die Unterwäsche für den Tag, dicke
Socken und über allem seinen Bademantel.
Trotzdem fröstelte ihn. Gleichzeitig brach ihm
der Schweiß aus allen Poren. Und noch ehe er
seinen Stuhl am Küchentisch erreicht hatte,
sank er in sich zusammen.

Mutter Erdmute schlug die Hände vor den
Kopf, Vater Willibald beugte sich hektisch zu
B. hinunter und versuchte, ihn hochzuziehen.
Auf alle Fragen, was denn passiert sei, blieb
B. still und rührte sich nicht. Er brachte kei-
nen Ton heraus und konnte keinen Muskel be-
wegen. Jede Schwere war von ihm abgefallen,
alle Schmerzen hatten sich in Luft aufgelöst.

Widerstandslos ließ er es geschehen, dass sein Vater ihn vom Boden aufhob, ins Bad brachte und schließlich ins Bett trug.

Als seine Kräfte allmählich zurückkehrten und er sich wieder zu regen begann, atmete Mutter Erdmute hörbar auf und Vater Willibald bestürmte den Jungen: „Du warst bewusstlos. Du musst einen Kreislaufzusammenbruch gehabt haben. Was war denn los?"

B. lächelte. Dann sagte er leise: „Es war wie im Himmel." Und er berichtete, dass er alles um sich herum mitbekommen hatte, ohne reagieren zu können. Wie er sich schwerelos fühlte und frei wie ein Vogel. Aber auch geborgen wie in Abrahams Schoß. Dass er keinerlei Angst hatte, im Gegenteil: Dass er tiefen Frieden und unendliche Freiheit empfand wie noch nie zuvor in seinem Leben.

Den Tag über musste B. doch wieder das Bett hüten. Aber zur Bescherung durfte er aufstehen und sich in der Weihnachtsstube zwischen die Eltern kuscheln. Und wann immer er später an diesen Heiligen Abend zurückdachte, erinnerte er sich geradezu sehnsüchtig an den Moment, als er sich fühlte wie im Himmel.

24

Wort und Weg

Seine erste Sonntagsschul-Weihnachtsfeier hatte für B. eine nachhaltige Wirkung. „Sonntagsschule" hieß der Kindergottesdienst in der eigenen Kirchengemeinde. Viele Kinder – auch anderer Konfessionen – nahmen daran teil. Zentraler Inhalt war das Hören biblischer Geschichten. Bei der Weihnachtsfeier durften – oder mussten – die Kinder zeigen, was sie im Lauf des Jahres oder während der Proben für das Fest gelernt hatten.

Wochen vorher begann das Üben. Die großen Kinder probten ein Weihnachtsspiel; Väter zimmerten Kulissen, Mütter nähten Gewänder. Die jüngeren Sonntagsschülerinnen und -schüler sagten Gedichte oder Bibelsprüche auf.

B. wurde im Alter von drei Jahren Sonntagsschüler. Da war sein Bruder Baldus schon acht. In B.s erster Sonntagschul-Weihnachtsfeier sollte Baldus im Wechsel mit anderen Kindern

seiner Altersklasse das Weihnachtslied „Du lie-
ber, heilger, frommer Christ" von Ernst Moritz
Arndt aufsagen. Baldus' Aufgabe war die vierte
Strophe. Er übte sie jeden Tag und so oft, dass
B. sie irgendwann mitsprechen konnte.

Der kleine B. hatte in der Feier einen Bibel-
vers vorzutragen. Die größte Schwierigkeit war
für ihn das Nennen der Stelle, wo der Vers in
der Bibel zu finden war. Es handelte sich um
Psalm 119, Vers 105 – eine Zahlenkombina-
tion, die für einen Drei-, wenn auch fast Vier-
jährigen eine Herausforderung darstellte.

Wie Baldus, so übte auch B. täglich. Aber je
näher die Weihnachtsfeier rückte, umso unbe-
haglicher wurde ihm zumute. Obwohl er das
Wort „Lampenfieber" noch gar nicht kannte –
er hatte genau das! Würde er die Wörter seines Bibelverses richtig aneinanderreihen? Und
vor allem: Würde er sich bei den schwindel-
erregenden Zahlen nicht doch verhaspeln?

Die Eltern und Bruder Baldus redeten B. gut
zu. Mutter Erdmute und Vater Willibald ver-
sprachen ihm eine Überraschung für den Fall,
dass er seine Aufgabe zufriedenstellend erle-
digen würde. Eine Überraschung? Oh ja, die

wollte er haben! Die Vorfreude darauf half ihm, das Lampenfieber zumindest zu mildern.

Die Weihnachtsfeier fand am vierten Adventssonntag statt. Am Nachmittag, als draußen bereits die Dämmerung anbrach, versammelte sich die festlich gekleidete Gemeinde in der Kirche, allen voran die Sonntagsschülerinnen und -schüler mit ihren Eltern, Verwandten und Bekannten.

Die „Mittleren" waren zuerst an der Reihe. Baldus rezitierte mit glockenreiner Stimme und fehlerfrei: „O segne mich, ich bin noch klein, o mache mir das Herze rein, o bade mir die Seele hell in deinem reinen Himmelsquell." B. war stolz auf seinen großen Bruder.

Als nächstes wurden die „Kleinen" aufgerufen. B. war der Jüngste und wurde auf einen Stuhl gestellt, damit man ihn aus den Kirchenbänken heraus überhaupt sehen konnte. Seine Kehle fühlte sich an wie zugeschnürt. Doch als Mutter Erdmute ihm ermutigend zunickte, fiel ihm die Überraschung wieder ein. Wie von selbst bewegten sich seine Lippen. „Psalm 119, Vers 105: Dein Wort ist meines Fußes Leuchte und ein Licht auf meinem Weg."

Applaus brandete auf. Vor Glück wäre B. beinahe vom Stuhl gefallen. Das Weihnachtsspiel der „Großen" bekam er gar nicht mehr richtig mit. Er dachte nur noch an die Überraschung.

Zu Hause hob Vater Willibald ihn auf den Arm, Mutter Erdmute stellte ein Päckchen auf die Kommode und unter den Augen der Eltern und von Bruder Baldus packte B. sein erstes Siku-Auto aus – einen weinroten Opel-Kapitän mit weißen Reifen. Wie viele Male hatte er sich deswegen die Nase an der Schaufensterscheibe des Spielwarengeschäftes in der Oberstadt plattgedrückt!

Die Freude an dem Modellauto war groß und währte lange. Noch länger aber blieb B. Psalm 119, Vers 105 im Gedächtnis haften.

Bei seiner letzten Weihnachtsfeier als Sonntagsschüler – mit 14 gehörte er der Bibelklasse an und spielte nicht mehr mit Siku-Autos – sagte er zusammen mit den anderen Kindern seiner Altersklasse den kompletten Psalm 119 auf, immerhin 176 Verse. Und wie der Zufall es wollte, war B. mit den Versen 105 bis 112 an der Reihe.

25 Jahre später und inzwischen selbst Vater eines Sonntagsschülers und einer Sonntags- schülerin, übernahm B. die Leitung der Redak- tion einer kleinen kirchlichen Zeitschrift. Sie hieß „Wort und Weg". In seiner Antrittsrede als Chefredakteur erklärte B.: „Dieser Name wurde mir in meine geistliche Wiege gelegt." Und dann erzählte er von seiner ersten Sonn- tagsschul-Weihnachtsfeier.

Der Autor

Jahrgang 1954. In Hessen geboren und aufgewachsen. Journalistische Ausbildung in den
Ressorts Lokales, Wirtschaft und Sport einer mittelhessischen Tageszeitung sowie am
Deutschen Institut für publizistische Bildungs-
arbeit. Redakteur an Tageszeitungen in Hessen, Rheinland-Pfalz und Baden-Württemberg.
Zehn Jahre leitender Redakteur einer kirchlichen Zeitschrift in Stuttgart. 15 Jahre Referent
für Öffentlichkeitsarbeit eines diakonischen
Unternehmens in Nürnberg. Verheiratet und
Vater von vier Kindern. Mitglied im Autoren-
verband Franken und in der Autorengruppe
Wortkünstler Mittelfranken.

Was hat Ihnen an diesem Buch gefallen?
Gibt es etwas, das Sie dem Autor
mitteilen möchten?

Schreiben Sie eine E-Mail an:
Bruno.Busch@gmx.eu

Ebenfalls von Bruno Busch erschienen:
Eine Socke zu wenig –
Geschichten von B. auf dem Jakobsweg
(2019)

„Buen Camino!" – Guten Weg! Das ist der Gruß, den sich Menschen zurufen, die auf dem Jakobsweg pilgern. Heitere, aber auch zum Nachdenken anregende Geschichten & Geschichtchen, erlebt von B. und seinem Pilgerbruder Hans. Historische Orte, spirituelle Erfahrungen und Begegnungen mit Pilgernden von allen Kontinenten machen Lust, den Weg mitzugehen – und sei es nur in Gedanken. Für jedes Lesealter von 9 bis 99.

Taschenbuch ISBN 978-3-00-062423-0 7,00 €
E-Book   Kindle & tolino   3,99 €

107

Ebenfalls von Bruno Busch erschienen:
Dicke Birnen –
Geschichten von B.
(2018)

26 mehr oder weniger autobiografische Geschichten & Geschichtchen zum Lesen, Staunen oder Schmunzeln, Wachwerden-Lassen eigener Erinnerungen, Weiter-Erzählen ... Für jedes Lesealter von 9 bis 99.

Taschenbuch   ISBN 978-3-00-061107-0 5,00 €
E-Book   Kindle & tolino   2,99 €

Mehr von Bruno Busch auf:
www.bruno-busch.eu

... und auf Facebook: www.facebook.com/
geschichten.und.geschichtchen

Printed in Poland
by Amazon Fulfillment
Poland Sp. z o.o., Wrocław

50779985R00066